Wolfgang Link | Dr. med. Jürgen Voll

Low-Carb für Sportler

30 kohlenhydratreduzierte Gerichte für den Sportler

Inhalt

Rezepte

Das Ende von Nudelparty und Carboloading!?

Mit Low-Carb sportlich auf der Erfolgsspur

Lange Zeit galten Kohlenhydrate als das Nonplusultra in der Sporternährung. Die Empfehlungen zur täglichen Verzehrsmenge bewegten sich zwischen 50 und 70 Prozent der gesamten Tageskalorien. Damit kommen leicht 350 und mehr Gramm Kohlenhydrate zusammen. Auch heute noch stehen Nudelpartys vor Wettkämpfen hoch im Kurs. Sie sollen für gut gefüllte Kohlenhydratspeicher und persönliche Bestleistungen sorgen. Dieser Kohlenhydrathype machte auch vor dem Freizeitsport nicht halt. Und das, obwohl eine derartige Flut an Kohlenhydraten in keinem Verhältnis zu den sportlichen Aktivitäten von »Otto Normalsportler« steht und durchaus auch gesundheitlich unerwünschte Folgen nach sich ziehen kann.

Inzwischen zeichnet sich im sportiven Sektor eine Trendwende ab: Die Vorteile einer Begrenzung der Kohlenhydrate (»Low-Carb«) zugunsten von Eiweiß und hochwertigen Fetten findet endlich mehr Beachtung – nicht nur mit Blick auf gesundheitliche Aspekte, sondern auch auf die sportliche Leistungsfähigkeit.

INFO: Als Freizeitsportler gilt, wer bis zu einer Stunde Sport täglich treibt und durch seine sportlichen Aktivitäten nicht mehr als 1.000 Kalorien pro Tag verbrennt.

Impressum

Redaktion:	systemed Verlag, Lünen
	systemed GmbH, Kastanienstr. 10, 44534 Lünen
Lektorat:	Susanne Bader, Weißach
Fotografie:	Studio Reiner Schmitz, München
Umschlaggestaltung:	Hauptmann & Kompanie Werbeagentur, Zürich
Satz:	A flock of sheep, Lübeck
Druck:	Druckerei Uhl, Radolfzell
ISBN:	978-3-942772-91-4

1. Auflage

Südfrüchteshake

Für 2 Personen
Zubereitungszeit: 10 Minuten

- 1 Papaya
- 100 g frische Ananas
- 300 g Wassermelone
- 100 ml Orangensaft
- 2 Physalis

1 Portion (ca. 380 g): 150 kcal, 2 g Eiweiß (6 E%), 1 g Fett (4 E%), 33 g Kohlenhydrate (90 E%)

01 Papaya schälen, halbieren, entkernen und in grobe Stücke schneiden. In ein hohes Gefäß geben, das sich zum Mixen eignet.

02 Fruchtfleisch der Ananas in Stücke schneiden und zu den Papayas geben.

03 Melone schälen, entkernen, in grobe Stücke schneiden und mit dem Orangensaft in den Mixbehälter geben. Mit einem Stabmixer fein pürieren.

04 Zum Servieren den Fruchtshake in Gläser füllen, die Physalis öffnen, einschneiden, an den Glasrand stecken. Mit einem Strohhalm servieren.

Spinat-Staudensellerie-Drink

Für 2 Personen
Zubereitungszeit: 25 Minuten

- 200 g frischer Blattspinat
- 1 Zwiebel
- 1 Stange Staudensellerie
- 1 EL Olivenöl
- 300 ml Möhrensaft

1 Portion (ca. 300 g): 120 kcal, 5 g Eiweiß (17 E%), 6 g Fett (46 E%), 10 g Kohlenhydrate (37 E%)

01 Blattspinat waschen, entstielen. Zwiebel schälen, halbieren und in feine Streifen schneiden. Staudensellerie waschen, zwei dünne Stängel mit Blatt für die Garnitur zurücklegen. Den Rest in feine Scheiben schneiden.

02 Öl in einer Pfanne erhitzen, den Blattspinat zusammen mit der Zwiebel und dem Staudensellerie ca. 3–4 Minuten anbraten. Danach in ein hohes Gefäß geben, das sich zum Mixen eignet.

03 Möhrensaft dazugeben, alles mit einem Stabmixer fein pürieren. Anschließend 15 Minuten kalt stellen.

04 Zum Servieren den Drink in Gläser füllen, mit dem Staudensellerie garnieren und mit einem Strohhalm servieren.

Low-Carb

Low-Carb (englisch »wenig Kohlenhydrate«) steht für eine Ernährungsform, bei der die tägliche Kohlenhydratmenge bewusst reduziert wird, um Blutzucker- und Insulinspiegel weitgehend konstant zu halten. Damit wird der Stoffwechsel optimal unterstützt. Die Einschränkung betrifft besonders zucker- und stärkehaltige Lebensmittel, da sie die größten Auswirkungen auf den Blutzucker- und Insulinspiegel haben.

Der Anstieg des Blutzuckerspiegels nach einer Mahlzeit mit Kohlenhydraten ist das Startsignal für die Bauchspeicheldrüse, das Hormon Insulin auszuschütten. Mit dessen Hilfe werden die zu Glukose abgebauten Kohlenhydrate aus dem Blut in die Zellen transportiert und dort zur Energiegewinnung verfügbar gemacht. Je rasanter und massiver der Blutzuckerspiegel nach oben geht, umso größere Mengen an Insulin sind nötig, um den Blutzuckerspiegel wieder auf das normale Niveau zu bringen. Mitunter kommt so viel Insulin, dass der Blutzucker in den Keller rutscht und sich die typischen Symptome einer Unterzuckerung zeigen, etwa ein unangenehmes Heißhungergefühl, das so schnell wie möglich mit weiteren Kohlenhydraten beseitigt werden will.

Und schon schnappt die Kohlenhydratfalle zu: Die nächste Kohlenhydratportion setzt die Spirale erneut in Gang. So kommt schnell eine ganze Menge Kalorien zusammen.

Was nicht verbraucht wird, wandelt der Körper in Fett um und deponiert es, bevorzugt in der Bauchregion, wo es sich hartnäckig hält. Auch hierbei spielt das Insulin eine Rolle, denn es fördert die Fetteinlagerung und blockiert den Fettabbau.

Jetzt wird auch klar, warum viele Menschen – darunter übrigens auch Leistungssportler – ihre Fettpölsterchen trotz mehr oder weniger intensiver sportlicher Aktivitäten einfach nicht loswerden. Erhöhte Insulinspiegel nach kohlenhydratbetonten Mahlzeiten erschweren es dem Körper auch beim Sport, seine Fettreserven zur Energieversorgung heranzuziehen.

INFO: Mit einer Low-Carb-Ernährung können Sie die Fettverwertung optimieren, Ihren Körperfettanteil reduzieren, Muskelmasse aufbauen und Ihre sportlichen Leistungen steigern.

LOGI

Die LOGI-Methode gilt mit 80 bis 130 Gramm Kohlenhydraten (KH) am Tag als moderate Variante der Low-Carb-Ernährung. Sie zeichnet sich zudem durch ihre gute Versorgung mit Vitalstoffen, eine ausgezeichnete Sättigung sowie ihre Alltagstauglichkeit aus. Zur einfachen Orientierung bei der Lebensmittelauswahl dient die LOGI-Pyramide.

Im Zentrum der LOGI-Ernährung stehen wasser- und ballaststoffreiche Gemüse und Salate sowie zuckerarme Früchte. Hochwertige Fette und Öle (z. B. Rapsöl, Olivenöl, Butter, Leinöl) kommen als Lieferanten wertvoller Fettsäuren und als Geschmacksträger zum Einsatz. Fleisch, Geflügel und Fisch sowie Milch und Milchprodukte fungieren als wichtige Eiweißlieferanten. Auch Nüsse und Hülsenfrüchte sind bestens mit Low-Carb vereinbar.

Beim Brot sollten Vollkornprodukte bevorzugt werden. Aufgrund ihres Ballaststoffgehalts lassen sie den Blutzucker langsamer ansteigen und sättigen besser. Aber Achtung: Auch hier ist die Menge entscheidend! Pro Tag sollten nicht mehr als ein bis zwei Scheiben Vollkornbrot verzehrt werden. Auch bei Kartoffeln, Reis oder Nudeln (al dente) sind kleine Portionen angezeigt. Weißmehlprodukte (Baguette, Toast, Weißbrot), Backwaren, Süßigkeiten oder gesüßte Getränke sind zwar nicht grundsätzlich verboten, sollten aber nur selten verzehrt werden, weil sie den Blutzucker schnell in die Höhe treiben.

Für welche Sportler/Sportarten ist Low-Carb/LOGI geeignet?

Eine Low-Carb-Ernährung wie die LOGI-Methode ist als Basisernährung sowohl für Freizeitsportler als auch für Leistungssportler bestens geeignet. Das gilt für Ausdauersportarten (z.B. Laufen, Schwimmen, Radfahren) ebenso wie für Kraft- und Schnellkraftsport (z.B. Sprint, Speerwerfen oder Gewichtheben) und Ballsportarten (z.B. Fußball, Basketball, Handball), bei denen die Elemente Ausdauer und Schnellkraft gemeinsam trainiert werden.

Wann und wie oft die Basiskost mit Kohlenhydraten ergänzt werden sollte, hängt von der Sportart, der Trainingsphase und der persönlichen Zielsetzung ab. So können vor Wettkämpfen einzelne kohlenhydratbetonte Mahlzeiten oder auch eine über mehrere Tage gesteigerte Kohlenhydratzufuhr die Glykogenspeicher in der Leber und in der Muskulatur vergrößern und so die Leistungsfähigkeit verbessern. Hobbysportler brauchen in der Regel keine extra Kohlenhydratportionen. Sie kommen sehr gut mit der normalen LOGI-Menge von 80 bis 130 Gramm pro Tag aus. Umgekehrt wird übrigens auch ein Schuh daraus: Hat man einmal zu viele Kohlenhydrate verputzt, ist eine zusätzliche Sporteinheit ideal, um sie wieder zu verarbeiten.

Die Umstellung lohnt sich

Wenn Sie bisher kohlenhydratbetont – also reichlich Brot, Kartoffeln, Nudeln, Reis oder Süßes – gegessen haben, kann es (muss es aber nicht!) während der Umstellung auf eine Low-Carb-Ernährung zu Müdigkeit, Antriebslosigkeit, Verdauungsproblemen und vorübergehenden Einschränkungen der Leistungsfähigkeit kommen. Daher macht es wenig Sinn, seine Essgewohnheiten kurz vor einem wichtigen Spiel, einem Wettkampf oder einem anderen sportlichen Event umzustellen. Suchen Sie sich lieber eine Phase mit mehr Ruhe aus und geben Sie Ihrem Körper die Zeit, die er braucht.

Schon sehr bald und vor allem langfristig werden Sie von Low-Carb profitieren:

- Sie kurbeln Ihre Fettverbrennung an.
- Sie schonen Ihre Glykogenvorräte für den Endspurt oder die Bergetappe.
- Sie verlieren leichter Gewicht und können es besser halten.
- Sie tun etwas für Ihre Gesundheit, denn Ihr Fett- und Zuckerstoffwechsel wird optimiert.

Energielieferanten im Visier

Für körperliche Aktivitäten nutzt der Körper bevorzugt Kohlenhydrate und Fette, und zwar nicht nacheinander, sondern meist gleichzeitig. Welcher Nährstoff bevorzugt zum Einsatz kommt, ist von der Dauer und der Intensität der körperlichen Belastung abhängig und davon, welche Muskeln hauptsächlich im Spiel sind. Die »langsamen« Typ-I-Muskelfasern (slow twitch fibres) sind auf Ausdauerleistung mit begrenztem Kraftaufwand ausgerichtet und verbrennen zur Energiegewinnung hauptsächlich Fettsäuren.

Die für Kraft und Schnellkraft verantwortlichen »schnellen« Typ-II-Muskelfasern (fast twitch fibres) bevorzugen dagegen Zucker (Glukose) als Treibstoff.

Mit Kohlenhydraten spritzig durchstarten

Nachdem die Kohlenhydrate jahrzehntelang als Hauptenergiequelle für Sportler galten, findet in der Sporternährung derzeit ein geradezu revolutionäres Umdenken statt. Es hat sich nämlich herausgestellt, dass Sportler erfolgreicher sind, wenn sie mit weitgehend leeren Kohlenhydratspeichern trainieren und mit vollen Speichern in den Wettkampf gehen. Das neue Motto lautet also »train low – compete high« – weniger Kohlenhydrate im Training, mehr davon im Wettkampf!

Als schnell verfügbare Energieträger spielen die Kohlenhydrate also nach wie vor eine wichtige Rolle in der Sportlerernährung. Allerdings werden sie nicht mehr dauerhaft in großer Menge empfohlen,

sondern nur dort, wo sie sinnvoll sind, wie etwa bei längeren Wettkämpfen, für Sprints und Schnellkraftübungen sowie in der Regenerationsphase.

Bei kurzen, hoch intensiven Belastungen von zwei bis drei Minuten, wenn die Energiebereitstellung sehr schnell erfolgen muss, wie etwa bei einem 400-m-Lauf oder bei einem Sprint im Tennis, läuft die Energiegewinnung aus Kohlenhydraten ohne Sauerstoff (anaerob) ab. Bei diesem Prozess entsteht Milchsäure (Laktat), die den Muskel übersäuern kann. Da die Kohlenhydratreserven im Muskel begrenzt sind, ermüdet die Muskulatur bald und die Leistung nimmt mit steigender Laktatkonzentration ab.

Bei Belastungen, für die nicht ganz so schnell, dafür aber länger Energie benötigt wird, erfolgt die Energiebereitstellung aus Kohlenhydraten mithilfe von Sauerstoff (aerob). Das geht zwar langsamer, ist aber wesentlich effektiver: Die Glukose wird bei diesem Vorgang vollständig verbrannt und liefert daher deutlich mehr Energie als beim anaeroben Sprint.

Die Speicherkapazität für Glukose bzw. deren Speicherform Glykogen ist begrenzt. In der Leber können etwa 100 Gramm, in den Muskeln etwa 300 bis 500 Gramm gespeichert werden. Gerade für den Ausdauersport ist es daher sinnvoll, seine Fettreserven zur Energiegewinnung zu nutzen. Dies gilt insbesondere dann, wenn man mittels sportlicher Aktivität seinen Fettpölsterchen zu Leibe rücken möchte.

Mit Low-Carb die Fette in Position bringen

Während die verfügbare Energie der Kohlenhydratspeicher begrenzt ist, hat selbst ein schlanker Körper aufgrund seiner Fettreserven nahezu unbegrenzt Energie für Ausdauerbelastungen zur Verfügung.

Bei mittel- oder langfristigen Aktivitäten rücken daher die Fette als Energielieferanten in den Mittelpunkt. Ihr Anteil an der Energieversorgung kann bei mehrstündigen Belastungen bis zu vier Fünftel betragen. Limitierender Faktor ist hier allerdings der Sauerstoff: Ohne ihn läuft die Fettverbrennung nicht, und mit zunehmender Belastungsintensität kann der Sauerstoffbedarf über die Atmung nicht mehr schnell genug gedeckt werden.

Die gute Nachricht: Der Fettstoffwechsel lässt sich trainieren. Und zwar so, dass der Körper auch bei hohen Intensitäten möglichst viel Energie aus Fetten beziehen kann und sein Glykogen als Joker für Zwischen- oder Endspurts bleibt. Hier zeigt sich der Vorteil einer kohlenhydratreduzierten Ernährung wie der LOGI-Kost: Damit der Organismus verstärkt Fette zur Energiegewinnung nutzt, müssen die Kohlenhydrate reduziert werden. Mit ein wenig Geduld lässt sich auf diese Weise das Fett-

verbrennungssystem in der Muskulatur derart optimieren, dass auch bei höheren Belastungen Fette zur Energiegewinnung herangezogen werden:

- Die Anzahl der Zellkraftwerke (Mitochondrien), in denen die Fette verbrannt werden, steigt.

- Der Körper stellt sich auf die neue Situation ein, in dem er mehr fettspaltende Enzyme bildet.

Seien Sie anspruchsvoll!

Damit ist die Fettauswahl gemeint. Schließlich geht es neben den sportlichen Leistungen auch um Ihre Gesundheit. Bei einer kohlenhydratarmen Ernährung gelten Fette, auch die gesättigten in Milch und Butter, als unbedenklich. Den Löwenanteil machen bei der LOGI-Ernährung die einfach ungesättigten Fettsäuren aus Olivenöl, Rapsöl, Nussölen oder auch Nüssen aus.

Bei den mehrfach ungesättigten Fettsäuren sollten die Omega-3-Fettsäuren im Mittelpunkt stehen. Sie sind lebensnotwendig und müssen gegessen werden (essenziell), weil der Körper sie nicht selbst herstellen kann. Sie bekommen reichlich davon, wenn Sie häufiger fetten Fisch (Thunfisch, Makrele, Hering, Sardinen, Lachs) oder Weide- und Wildfleisch in den täglichen Speiseplan einbauen. Auch über Leinöl, Walnüsse oder Rapsöl sichern Sie Ihre Versorgung.

Beispiele für die positiven gesundheitlichen Effekte von Omega-3-Fettsäuren:

- Sie beeinflussen die Blutfettwerte günstig.

- Sie helfen, den Blutdruck zu senken.

- Sie schützen die Gefäße vor Arteriosklerose und fördern die Durchblutung.

- Sie wirken entzündungshemmend.

- Sie beeinflussen die Gehirnfunktion positiv.

TIPP: Leinöl ist geschmacklich nicht jedermanns Sache. Es lässt sich aber gut in einer Quarkspeise verpacken. So ist auch gleich die Eiweißversorgung gesichert.

Auch Omega-6-Fettsäuren gehören zu den essenziellen Fettsäuren. Sie werden jedoch meist im Überfluss aufgenommen, was das optimale Verhältnis von Omega-3- zu

Omega-6-Fettsäuren in eine Schieflage bringt. Sonnenblumen-, Mais- oder Weizenkeimöl – die Hauptlieferanten für Omega-6-Fettsäuren – werden daher bei LOGI nicht empfohlen.

Vorsicht Transfettsäuren!

Diese Fettsäuren gelten als gesundheitsschädlich und sollten möglichst gemieden werden. Sie entstehen bei der industriellen Härtung von Ölen, um daraus Back-, Koch- oder Streichfett herzustellen, sowie beim Erhitzen von Pflanzenölen auf sehr hohe Temperaturen. Zu finden sind sie vor allem in frittierten Produkten wie Pommes frites, in Fertiggerichten, Back- und Süßwaren. Transfettsäuren fördern arteriosklerotische Ablagerungen in den Gefäßen und entzündliche Prozesse, sie erhöhen das schlechte LDL-Cholesterin und senken das gefäßschützende HDL-Cholesterin. Auch

die Fließeigenschaften des Blutes werden negativ beeinflusst. Also nichts für gesundheitsbewusste Sportler!

Mehr Eiweiß – nicht nur für Profis

Eiweiß (Protein) wird im Organismus für zahlreiche, lebenswichtige Funktionen benötigt – angefangen vom Aufbau von Muskeln, Knochen und Bindegewebe über die Bildung von Enzymen und Hormonen, die für reibungslose Abläufe im Stoffwechsel sorgen, bis hin zu seinen wichtigen Aufgaben im Immunsystem. Eiweiß ist also ein Multifunktionstalent mit vielen positiven Eigenschaften, von denen gerade Sportler profitieren:

- Es fördert den Aufbau und die Regeneration der Muskulatur.

- Es verringert die Verletzungs- und Infektanfälligkeit.

- Es beugt dem Verlust wertvoller Muskelmasse beim Abnehmen vor.

- Es hilft dabei, Körperfett abzubauen.

- Es macht gut und lange satt.

Nicht alle Eiweißbausteine kann der Körper selbst herstellen: 9 der 20 bekannten Aminosäuren müssen über die Nahrung zugeführt werden, sind also essenziell. Eine möglichst vielseitige Auswahl bei den Eiweißlieferanten unterstützt eine gute Versorgung mit allen notwendigen Aminosäuren.

INFO: Die biologische Wertigkeit gilt als Maß dafür, wie effizient Nahrungseiweiß in körpereigenes Eiweiß umgewandelt werden kann. Durch eine Kombination verschiedener Eiweißträger lässt sich die biologische Wertigkeit steigern.

Hochwertige Proteinquellen sind Fleisch, Fisch und Meeresfrüchte, Milch und Milchprodukte wie Käse oder Joghurt sowie Eier, Nüsse und Hülsenfrüchte. Für Veganer übernehmen Produkte auf Sojabasis (z.B. Tofu) oder Algen eine wichtige Rolle in der Eiweißversorgung.

Anders als bei Fett oder Kohlenhydraten nutzt der Körper Eiweiß nicht als Hauptenergielieferanten, sondern greift erst in Notfallsituationen auf seine Eiweißreserven zurück, indem er Muskelmasse abbaut. Gerade als Sportler will man das natürlich vermeiden.

Wie viel Eiweiß ist dazu nötig? Mindestens ein Gramm pro Kilo Körpergewicht sollte es schon sein, und für den gelegentlichen Hobbysportler genügt das meist auch. Ausdauersportlern werden 1,2 bis 1,6 Gramm und Kraftsportlern 1,4 bis 1,8 Gramm Eiweiß pro Kilogramm Körpergewicht empfohlen.

Anders als bei einer kohlenhydratreichen, eiweißarmen Kost lassen sich die empfohlenen Mengen mit der kohlenhydratarmen, eiweißbetonten LOGI-Ernährung gut erreichen. Mögliche Bedenken wegen gesundheitlicher Risiken durch eine erhöhte Eiweißzufuhr konnten wissenschaftlich nicht bestätigt werden. Eine gesunde Niere passt sich dem höheren Eiweißkonsum an. Wer bereits Probleme mit den Nieren hat, sollte jedoch unbedingt einen Arzt zurate ziehen, bevor die Eiweißzufuhr erhöht wird.

Wasser marsch!

Wer sich bewegt und ins Schwitzen kommt, braucht in erster Linie Wasser und etwas Salz, um die Verluste wieder auszugleichen. Freizeitsportler brauchen keine besonderen Sportlergetränke. Für Sporteinheiten unter einer Stunde reicht ein kohlensäurearmes und eventuell natriumreiches Mineralwasser.

INFO: Wer gerade erst mit dem Sport beginnt oder nur sporadisch sportlich aktiv ist, kommt leichter ins Schwitzen als ein trainierter Sportler. Greifen Sie in diesem Fall ruhig öfter mal zur Wasserflasche. Schon bei einem geringen Flüssigkeitsverlust können Leistungseinbußen mit Konzentrations- und Koordinationsstörungen oder Kopfschmerzen auftreten.

Bei langen, intensiven Belastungen (deutlich über eine Stunde, z. B. bei einem Marathonlauf) ist es sinnvoll, schon vor und während der Belastung zu trinken. Zur Aufrechterhaltung der Leistungsfähigkeit sind Flüssigkeiten mit Salz und Kohlenhydraten empfehlenswert. Damit diese möglichst schnell vom Körper aufgenommen werden können, sollte die Kohlenhydratkonzentration eines Sportlergetränks bei etwa sechs bis acht Prozent liegen. Mehr Kohlenhydrate würden die Magenentleerung verzögern. Die Zugabe von 400 bis 500 Milligramm Natrium (entsprechend etwa 1 bis 1,2 Gramm Salz) und ca. 60 bis 80 Gramm Kohlenhydraten pro Liter Flüssigkeit verkürzt die Magenpassage und beschleunigt die Flüssigkeitsaufnahme aus dem Darm. So können Flüssigkeitsdefizite auch während intensiver Belastungen rasch ausgeglichen werden – besser als mit herkömmlichen Mineralwässern.

Low-Carb im Sportalltag

Eine Generalempfehlung für den sportlichen Alltag gibt es nicht. Dazu sind sowohl die Sportler selbst als auch ihre persönlichen Ziele viel zu unterschiedlich. Der eine möchte einfach nur entspannt joggen, ein anderer beim Stadtlauf seine persönliche Bestzeit erreichen, beim sonntäglichen Fußballspiel 90 Minuten lang durchhalten oder mit seinem Sportverein in die nächste Liga aufsteigen.

Um Ihnen das erfolgreiche Experimentieren mit einer kohlenhydratreduzierten Ernährung zu erleichtern, hier noch einmal die wichtigsten Infos.

Top für Ausdauersport!

Durch ein gezieltes Training der Fettverbrennung lassen sich im Ausdauersport bessere Ergebnisse erzielen. Mit einer Low-Carb-Ernährung schulen Sie Ihren Körper darauf, sich zur Energieversorgung überwiegend bei den Fetten zu bedienen. Aber Achtung: Mehr Fett essen und sich dabei entspannt zurücklehnen und abwarten bringt nichts. Ihr Fettstoffwechsel kommt nur dann auf Touren, wenn Sie in Bewegung bleiben.

Eine optimierte Fettverbrennung kann das intensive Befüllen der Glykogenspeicher überflüssig machen. Vor, während und nach Spitzenbelastungen können zusätzlich Kohlenhydrate ergänzt werden.

BEISPIEL: Sind bei der Ausdauerleistung für Zwischenspurts zusätzlich kurze intensive und schnellkräftige Bewegungen gefragt, kann ein kohlenhydrathaltiger Snack kurz vor dem Sport sinnvoll sein.

Bei reduziertem Trainingsumfang oder in der Regenerationsphase wird einfach mit der Low-Carb-Basiskost weitergemacht. Eine optimierte Eiweißversorgung (1,2 bis 1,6 Gramm pro Kilogramm Körpergewicht) schafft perfekte Bedingungen für Muskelaufbau und Regeneration.

Durch Ausdauersport wollen viele Menschen ihr Gewicht und den Körperfettanteil reduzieren. Auch das gelingt mit weniger Kohlenhydraten (ca. 80 bis 100 Gramm täglich) besser. Mit weniger Fettpölsterchen ist man nicht nur leichter unterwegs, nicht vorhandenes Fettgewebe muss auch nicht mit Sauerstoff versorgt werden. Der kommt dann der Muskulatur zugute, was sich wiederum günstig auf die Fettverbrennung auswirkt. Sie erinnern sich? Fett braucht Sauerstoff, um als Energielieferant zu dienen …

Mehr Kraft gewinnen

Kraftsportler brauchen mit 1,4 bis 1,8 Gramm Eiweiß pro Kilogramm Körpergewicht etwas mehr als Ausdauersportler. Da in vielen Bereichen auch die schnellkräftigen Muskeln zum Einsatz kommen, die zur Energieversorgung auf Kohlenhydrate angewiesen sind, sollten die entleerten Kohlenhydratspeicher nach dem Training wieder befüllt werden. Die tägliche Kohlenhydratmenge kann sich daher beim Krafttraining durchaus im oberen Bereich von Low-Carb, also bei bis zu 130 Gramm pro Tag bewegen.

Auch für Abnehmwillige ist Krafttraining interessant: Durch den sogenannten Nachbrenneffekt nach der Trainingseinheit können in den folgenden 24 Stunden 150 bis 200 Kalorien extra verbrannt werden.

INFO: Krafttraining ist keine Frage des Alters oder des Geschlechts. Jeder kann davon profitieren, sofern die Übungen individuell angepasst sind. Ein angemessenes Krafttraining ermöglicht auch älteren Menschen, sich möglichst lange ihre Selbstständigkeit zu bewahren und Stürzen vorzubeugen.

Spielend am Ball bleiben

Bei Ballsportarten kommt es sowohl auf die Ausdauerleistungsfähigkeit als auch auf die Schnellkraft an. Die für die Schnellkraft zuständigen Muskeln wollen Kohlenhydrate. An Trainings- und Spieltagen kann der Kohlenhydratgehalt daher gesteigert werden. In der trainings- und spielfreien Zeit werden die Kohlenhydrate zugunsten von mehr Eiweiß reduziert. Der erhöhte Eiweißanteil unterstützt auch die Regeneration von Fußballern, Tennisspielern & Co.

Rundum versorgt

Über Kohlenhydrate, Fett und Eiweiß ist nun das Wichtigste gesagt. Wie aber sieht es mit Vitaminen, Mineralstoffen und Spurenelementen aus? Auch hier zeigen sich die Vorteile der LOGI-Ernährung: Sie ist besonders vitalstoffreich und sichert die optimale Versorgung mit diesen lebenswichtigen Nährstoffen. Hier eine kleine Auswahl an Mineralstoffen und Spurenelementen, die zeigt, wofür wir sie brauchen und mit welchen Lebensmitteln wir sie zu uns nehmen.

Kalzium
Das Mineral ist direkt an der Reizübertragung zwischen Nerven und Muskeln beteiligt und somit für alle Muskelkontraktionen verantwortlich. Ein Mangel hat Auswirkungen auf die maximale Anspannungsfähigkeit beim Krafttraining. Kalzium kommt natürlicherweise in allen Milch und Milchprodukten vor, beispielsweise in Joghurt, Quark oder Hüttenkäse. Auch Gemüse wie Brokkoli, Spinat, Grünkohl oder Kohlrabi sowie frische Kräuter sind gute Lieferanten dafür.

Magnesium
Magnesium arbeitet Hand in Hand mit Kalzium und ist ebenfalls an der Reizübertragung in den Muskeln beteiligt. Außerdem wirkt es bei der Energiegewinnung mit und hilft bei der Stressbewältigung. Magnesiummangel kann zu Muskelkrämpfen führen, vor allem nachts. Zu den guten Magnesiumquellen der Low-Carb-Küche gehören Nüsse, Saaten, Hülsenfrüchte, Käse und Gemüse.

Chrom

Chrom ist an vielen Stoffwechselprozessen beteiligt, spielt aber vor allem beim Muskelaufbau eine wichtige Rolle, denn es sorgt dafür, dass mehr Glukose aus dem Blut in die Muskelzellen aufgenommen werden kann. Brokkoli, Rindfleisch und Äpfel sind gute Lieferanten.

Selen

Selen gehört zu den Antioxidantien oder Radikalfängern. Freie Radikale sind aggressive Substanzen, die durch ungesunde Lebensweise, Krankheiten oder Umweltbelastungen in unserem Körper im Übermaß entstehen und unsere Zellen – auch die Muskelzellen – angreifen können. Reich an Selen sind Seefisch (z.B. Thunfisch), Eier, Hühnerfleisch und Paranüsse.

Zink

Zink ist ebenfalls an vielen Stoffwechselprozessen beteiligt und nimmt eine Schlüsselrolle beim Muskelaufbau ein. So wird es für die Herstellung von Enzymen benötigt, die beim Eiweißaufbau gebraucht werden. Außerdem unterstützt Zink die Bildung des männlichen Geschlechtshormons Testosteron und der insulinähnlichen Wachstumsfaktoren, die beide günstig auf das Muskelwachstum wirken. Zu den natürlichen Zinkquellen gehören unter anderem Weizenkeime, Muskelfleisch und Innereien, Eier, Milch, Käse und Fisch. Austern sind wahre Zinkbomben, aber das ist wohl Geschmackssache.

Eisen

Ohne Eisen könnte das Blut keinen Sauerstoff in die Muskulatur transportieren. Müdigkeit und Schlappheit sind typische Symptome für einen Eisenmangel. Eisen befindet sich unter anderem in Eiern, Rindfleisch, Wild, Kürbiskernen, Sesamsamen und Hülsenfrüchten.

Wie sieht es mit Nahrungsergänzungsmitteln aus?

Bei Leistungssportlern kann eine individuelle Substitution mit Nahrungsergänzungsmitteln durchaus sinnvoll sein – allerdings nur unter sportmedizinischer Betreuung und auf der Basis von Laborwerten. Breitensportler benötigen in der Regel keine Nahrungsergänzungsmittel. Die Versorgung mit Vitalstoffen im Rahmen der Low-Carb/LOGI-Ernährung ist völlig ausreichend. Allenfalls beim Sonnenhormon Vitamin D kann eine Substitution hilfreich sein, etwa im Winter, wenn auch der Sport überwiegend »indoor« stattfindet.

Aber nun genug der Theorie. Genießen Sie unsere schönen eiweißbetonten LOGI-Rezepte und biegen Sie mit Low-Carb in die sportliche Erfolgsspur ein.

Wenn Sie tiefer in das Thema einsteigen möchten

Dieser kleine Ratgeber richtet sich an Menschen, die ihre sportlichen Aktivitäten gerne sinnvoll mit ihrer Ernährung verknüpfen möchten – für eine bessere Fitness, Gesundheit und Leistungsfähigkeit und/oder um mithilfe von Sport ihr Körpergewicht zu reduzieren und zu halten.

Wer intensiver in die Thematik einsteigen möchte, findet im systemed Verlag eine große Auswahl an entsprechender Literatur, z. B.

Mehr vom Sport!
Low-Carb und LOGI in der
Sporternährung.
Clifford Opoku-Afari, Dr. Nicolai Worm, Heike Lemberger.
ISBN 978-3-927372-41-2

Der LOGI-Muskel-Coach.
Dr. Torsten Albers, Dr. Nicolai Worm, Kirsten Segler.
ISBN 978-3-942772-13-6

Nussmüsli mit Brombeeren

Für 2 Personen
Zubereitungszeit: 10 Minuten

- 2 Kiwis
- 300 g Brombeeren
- 50 g Mandeln (gehobelt)
- 50 g Walnüsse (gehackt)
- 2 EL Weizenkleie
- 2 EL Kokosflocken
- 200 g Magerjoghurt (1,5 % Fett)
- 100 ml Milch (1,5 % Fett)

1 Portion (ca. 420 g): 580 kcal, 26 g Eiweiß (18 E%), 42 g Fett (64 E%), 25 g Kohlenhydrate (18 E%)

01 Kiwis schälen, längs halbieren und in 1 cm dicke Halbmonde schneiden.

02 Brombeeren verlesen und kurz unter fließendem Wasser abbrausen.

03 Die Früchte mit den übrigen Zutaten in einer Schüssel mischen.

04 Das Nussmüsli in tiefe Teller füllen und servieren.

Proteinkick mit Haferflocken

Für 2 Personen
Zubereitungszeit: 10 Minuten

- 300 g Magerquark
- 100 ml Milch (1,5 % Fett)
- 1 TL Kakaopulver (ohne Zucker)
- 1 EL Apfeldicksaft
- 2 kleine Avocados
- 2 EL Haferflocken
- ½ Bund frische Minze

1 Portion (ca. 410 g): 430 kcal, 26 g Eiweiß (25 E%), 24 g Fett (51 E%), 26 g Kohlenhydrate (24 E%)

01 Den Quark mit der Milch, dem Kakaopulver und dem Apfeldicksaft verrühren.

02 Die Avocados schälen, halbieren, die Kerne entfernen und das Fruchtfleisch in dünne Scheiben schneiden.

03 Haferflocken in einer heißen Pfanne ohne Fett goldbraun rösten.

04 Nun Quarkcreme, Haferflocken und Avocadoscheiben abwechselnd in Dessertgläser schichten. Den Abschluss bildet eine Schicht Quarkcreme.

05 Vor dem Servieren mit Minze garnieren.

Garnelenrührei mit Frühlingszwiebeln

Für 2 Personen
Zubereitungszeit: 15 Minuten

- 1 Zwiebel
- 1 rote Paprika
- ½ Bund Frühlingszwiebeln
- 6 Eier (Größe M)
- 2 TL Butter
- 200 g Garnelen (küchenfertig)
- Salz und Pfeffer nach Geschmack

1 Portion (ca. 385 g): 410 kcal, 41 g Eiweiß (41 E%), 23 g
Fett (50 E%), 9 g Kohlenhydrate (9 E%)

01 Zwiebel schälen und fein würfeln. Paprika halbieren, putzen, waschen und in feine Würfel schneiden. Frühlingszwiebeln küchenfertig vorbereiten und in kleine Röllchen schneiden.

02 Die Eier in einem Glas aufschlagen und mit einer Gabel gut verquirlen.

03 Butter in einer beschichteten Pfanne erhitzen und die Zwiebelwürfel zusammen mit dem Paprika und den Garnelen ca. 3–4 Minuten braten. Mit Salz und Pfeffer würzen.

04 Die Eier hinzufügen und das Ganze unter ständigem Rühren so lange stocken lassen, bis sich die Eiermasse mit den Garnelen und dem Gemüse verbunden hat.

05 Zum Servieren die Rühreier auf zwei Tellern anrichten und mit den Frühlingszwiebeln garnieren.

Mangoldomelett mit Schinken

Für 2 Personen
Zubereitungszeit: 15 Minuten

- 2 Zwiebeln
- 200 g Mangold
- ¼ Bund frischer Schnittlauch
- 1 Fleischtomate
- 100 g Kochschinken (2 Scheiben)
- 6 Eier (Größe M)
- 2 TL Butter
- Salz und Pfeffer nach Geschmack

1 Portion (ca. 415 g): 400 kcal, 35 g Eiweiß (35 E%), 25 g Fett (57 E%), 7 g Kohlenhydrate (8 E%)

01 Die Zwiebeln schälen und in feine Würfel schneiden. Mangold waschen, Stiele entfernen und die Blätter in feine Streifen schneiden. Den Schnittlauch waschen, trocken schütteln, in Röllchen schneiden. Die Tomate waschen, vom Strunk befreien und fein würfeln. Kochschinken ebenfalls in kleine Würfel schneiden.

02 Je Omelett drei Eier in einem Glas aufschlagen, die Hälfte des Mangolds zugeben und alles mit einer Gabel gut verquirlen. Mit Salz und Pfeffer würzen.

03 1 TL Butter in einer beschichteten Pfanne erwärmen und die Mangold-Eier-Masse hinzufügen. Bei mittlerer Temperatur leicht stocken lassen.

04 Nun jeweils die Hälfte der Zwiebel- und Tomatenwürfel, des Kochschinkens und der Schnittlauchröllchen zugeben und alles zusammen weitere 3–4 Minuten fertig backen. Das Omelett in der Pfanne zuklappen. Das zweite Omelett ebenso zubereiten.

05 Anschließend auf einem Teller anrichten, bei Bedarf mit Salz und Pfeffer nachwürzen und servieren.

Gebratene Tofuwürfel mit Austernpilzen

Für 2 Personen
Zubereitungszeit: 15 Minuten

- 400 g Tofu
- 1 EL Sojasauce
- 2 EL Olivenöl
- 1 Zwiebel
- 1 rote Paprika
- 1 Bund frischer Kerbel
- 300 g Austernpilze
- 100 ml Gemüsebrühe
- 100 g Kräuterfrischkäse (Rahmstufe)
- Muskat, Salz und Pfeffer nach Geschmack

1 Portion (ca. 370 g): 410 kcal, 28 g Eiweiß (27 E%), 29 g Fett (62 E%), 11 g Kohlenhydrate (11 E%)

01 Tofu in 2 cm große Würfel schneiden und in der Sojasauce marinieren. Anschließend aus der Marinade nehmen. 1 EL Öl in einer Pfanne erhitzen und den Tofu darin ca. 2–3 Minuten scharf anbraten. Mit Salz und Pfeffer würzen, aus der Pfanne nehmen und beiseitestellen.

02 Zwiebel schälen und in feine Würfel schneiden. Paprika halbieren, Kerne entfernen, waschen und grob würfeln. Kerbel waschen, trocken schütteln und fein hacken. Austernpilze putzen und vierteln.

03 In derselben Pfanne das restliche Öl erhitzen und Zwiebelwürfel, Austernpilze und Paprika darin ca. 2–3 Minuten scharf anbraten. Mit der Gemüsebrühe ablöschen und den Frischkäse dazugeben.

04 Die Pilz-Gemüse-Mischung mit Muskat, Salz und Pfeffer abschmecken. Tofuwürfel dazugeben und das Ganze nochmals kurz aufkochen lassen.

05 Zum Servieren die Tofupfanne mit dem Kerbel garnieren.

Spinatsuppe mit Paranüssen

Für 4 Personen
Zubereitungszeit: 15 Minuten

- 1 Stange Lauch
- 20 g Butter
- 300 g frischer Spinat
- 250 ml Gemüsebrühe
- 50 g Paranüsse
- 100 g Schmelzkäse (20 % F. i. Tr.)
- frisch geriebene Muskatnuss, Salz und Pfeffer nach Geschmack

1 Portion (ca. 420 g): 375 kcal, 17 g Eiweiß (18 E%), 31 g Fett (74 E%), 7 g Kohlenhydrate (8 E%)

01 Lauch putzen, waschen und in feine Streifen schneiden. Butter in einem Topf erhitzen und die Lauchstreifen darin ca. 1–2 Minuten glasig anschwitzen.

02 Spinat waschen, entstielen, grob hacken und anschließend zum Lauch geben. Das Ganze weitere 5–6 Minuten dünsten und anschließend mit der Gemüsebrühe ablöschen. Mit Muskat, Salz und Pfeffer würzen.

03 Die Suppe bei geringer Hitze weitere 5 Minuten garen und mit einem Stabmixer pürieren.

04 Die Paranüsse grob hacken und in einer Pfanne ohne Fett ca. 1–2 Minuten anrösten.

05 Die Suppe zum Servieren in tiefe Teller geben und jeweils mit einem Klecks Schmelzkäse und den Paranüssen garnieren.

Zucchinigratin mit Sesamziegenkäse

Für 2 Personen
Zubereitungszeit: 35 Minuten

- 400 g Zucchini
- 200 g weiße Rüben
- 150 g Ziegenkäse (am Stück)
- 1 Knoblauchzehe
- 2 g Oregano (getrocknet)
- 50 g Sesam
- 150 g stückige Tomaten (Dose)
- 100 g Sauerrahm
- ½ Bund frischer Basilikum
- Muskat, Salz und Pfeffer nach
  Geschmack

1 Portion (ca. 470 g): 525 kcal, 25 g Eiweiß (20 E%), 41 g
Fett (70 E%), 14 g Kohlenhydrate (10 E%)

01 Den Backofen auf 180° Umluft vorheizen.

02 Zucchini waschen, die Enden abschneiden und längs in ca. 1 cm dicke Scheiben schneiden. Weiße Rüben schälen und in dünne Scheiben schneiden. Den Ziegenkäse ebenfalls in 1 cm dicke Scheiben schneiden.

03 Knoblauch schälen, fein würfeln und zusammen mit dem Oregano, dem Sesam einer Prise Salz und etwas Pfeffer mit den stückigen Tomaten vermengen.

04 Nun jeweils abwechselnd eine Schicht Zucchini, stückige Tomaten, weiße Rüben und Ziegenkäse in eine Auflaufform schichten. Dabei jede Lage mit Muskat, Salz und Pfeffer würzen, die letzte Schicht mit Sauerrahm bestreichen.

05 Das Gratin im Backofen (Mitte) ca. 15–20 Minuten überbacken.

06 In der Zwischenzeit Basilikum waschen und die Blätter abzupfen.

07 Das Gratin portionieren, auf Tellern anrichten, mit Basilikum garnieren und servieren.

Thunfischsalat mit Artischocken

Für 2 Personen
Zubereitungszeit: 15 Minuten

- 300 g Möhren
- 2 rote Zwiebeln
- 50 g Walnüsse
- 1 Dose Artischockenherzen (200 g Abtropfgewicht)
- 1 Dose Thunfisch in Lake (125 g Abtropfgewicht)
- ½ Bund frischer Basilikum
- 1 Knoblauchzehe
- 2 EL Aceto Balsamico (dunkel)
- 100 g Magerjoghurt (1,5 % Fett)
- 2 EL Sesamöl
- Salz und Pfeffer nach Geschmack

1 Portion (ca. 420 g): 500 kcal, 22 g Eiweiß (18 E%), 37 g Fett (67 E%), 19 g Kohlenhydrate (15 E%)

01 Möhren putzen, waschen, schälen und in fein raspeln. Zwiebeln schälen, halbieren und in feine Streifen schneiden.

02 Die Walnüsse hacken und in einer Pfanne ohne Fett ca. 1–2 Minuten goldbraun rösten. Artischocken abgießen und vierteln. Thunfisch ebenfalls abgießen und in kleine Stücke zerteilen.

03 Basilikum waschen, trocken schütteln und die Blätter abzupfen.

04 Für die Vinaigrette den Knoblauch schälen und fein würfeln. Dann mit dem Balsamicoessig, Joghurt, Öl, Salz und Pfeffer verrühren.

05 Möhren, Zwiebeln, Walnüsse, Artischocken, Thunfisch und Basilikum in einer Schüssel mischen, die Vinaigrette unterziehen und das Ganze nochmals abschmecken.

Mediterraner Sportlersalat

Für 2 Personen
Zubereitungszeit: 15 Minuten

- 1 rote Zwiebel
- ½ Salatgurke
- 2 Fleischtomaten
- 1 Avocado
- 1 Bund frischer Kerbel
- 100 g grüne Oliven (entsteint)
- 2 EL Aceto Balsamico (hell)
- 2 EL Olivenöl
- Saft von 1 Limette
- 250 g Mozzarella (Büffel)
- 50 g Erdnüsse (geröstet, ungesalzen)
- Salz und Pfeffer nach Geschmack

1 Portion (ca. 560 g): 780 kcal, 28 g Eiweiß (15 E%), 66 g
Fett (76 E%), 18 g Kohlenhydrate (9 E%)

01 Zwiebel schälen, halbieren und in feine Streifen schneiden. Die Gurke schälen, längs halbieren und in 1 cm dicke Halbmonde schneiden. Tomaten waschen, vom Strunk befreien und in grobe Würfel zerteilen. Avocado schälen, entkernen und in 2 cm große Würfel schneiden. Kerbel waschen, entstielen und klein zupfen. Oliven abtropfen lassen und vierteln.

02 Die Oliven mit den Zwiebeln, der Gurke, den Tomaten und den Avocados mischen. Den Salat mit Balsamicoessig, Öl, Limettensaft, Salz und Pfeffer marinieren.

03 Mozzarella in dünne Scheiben schneiden.

04 Den mediterranen Salat auf Tellern anrichten, mit Mozzarella belegen, mit den Erdnüssen bestreuen und servieren.

Kopfsalat mit Trauben und Schafskäse

Für 2 Personen
Zubereitungszeit: 20 Minuten

Für das Dressing:
- 2 EL Aceto Balsamico (hell)
- 2 EL Kokosöl
- 1 TL Senf (mittelscharf)
- 1 TL Honig
- 2 g Rosmarin (getrocknet)
- Salz und Pfeffer nach Geschmack

Für den Salat:
- 2 Eier (Größe M)
- 100 g Weintrauben (kernlos, hell)
- 200 g Schafskäse
- 300 g Kohlrabi (2 Stück)
- 1 rote Paprika
- 1 Kopfsalat
- etwas frischer Thymian

1 Portion (ca. 470 g): 580 kcal, 30 g Eiweiß (19 E%), 41 g Fett (64 E%), 25 g Kohlenhydrate (17 E%)

01 Balsamicoessig, Kokosöl, Senf, Honig, Rosmarin, Salz und Pfeffer zu einem Dressing verrühren.

02 Die beiden Eier hart kochen und dann abkühlen lassen. Anschließend pellen und halbieren.

03 Weintrauben waschen und halbieren. Schafskäse zerbröckeln. Kohlrabi schälen und mit einer Gemüsereibe in Stifte hobeln. Paprika halbieren, Kerne entfernen, waschen und in feine Würfel schneiden.

04 Die Weintrauben mit dem Schafskäse, den Kohlrabistiften und den Paprikawürfeln mischen. Das Dressing dazugeben und nochmals alles gut vermengen.

05 Den Kopfsalat in mundgerechte Stücke pflücken, waschen und in einem Sieb abtropfen lassen. Thymian waschen, entstielen und grob hacken.

06 Die Salatblätter dekorativ auf einem Teller anrichten, die Salatmischung darauf verteilen, mit Eihälften garnieren, mit dem Thymian bestreuen und servieren.

Putenkeule mit geschmortem Topinambur

Für 2 Personen
Zubereitungszeit: 70 Minuten

- 500 g Putenoberkeule
- 2 EL Senf (mittelscharf)
- 2 g Majoran (getrocknet)
- 4 Frühlingszwiebeln
- 2 Knoblauchzehen
- 200 g Topinambur
- 150 g Kidneybohnen (Abtropfgewicht, Dose)
- 100 ml Gemüsebrühe
- Salz, Kümmel und geschroteter Pfeffer nach Geschmack

1 Portion (ca. 410 g): 280 kcal, 40 g Eiweiß (58 E%), 6 g Fett (21 E%), 14 g Kohlenhydrate (21 E%)

01 Den Backofen auf 160° Umluft vorheizen.

02 Die Putenkeule waschen, trocken tupfen, mit Senf bestreichen und mit Salz, Pfeffer und Majoran würzen.

03 Frühlingszwiebeln waschen, putzen und in feine Ringe schneiden. Knoblauchzehen schälen und vierteln. Topinambur gründlich waschen, schälen und in grobe Stücke schneiden. Kidneybohnen in ein Sieb gießen, kurz mit Wasser überbrausen und anschließend abtropfen lassen.

04 Die Frühlingszwiebeln mit Knoblauch, Topinambur und Kidneybohnen in eine Auflaufform geben. Die Putenkeule darauflegen und das Ganze mit der Gemüsebrühe angießen.

05 Die Putenkeule ca. 50–60 Minuten im Ofen (Mitte) garen.

06 Zum Servieren die Putenkeule vom Knochen lösen, in Scheiben schneiden und zusammen mit dem Gemüse auf Tellern anrichten.

Wachtelbohnen mit Rosenkohl und Hähnchenstreifen

Für 2 Personen
Zubereitungszeit: 35 Minuten

- 150 g Borlotti-Bohnen (Wachtelbohnen)
- 1 EL Rapsöl
- 300 ml Geflügelbrühe
- 300 g Rosenkohl
- 100 g Möhren
- 200 g Hähnchenbrust
- ½ Bund frische Blattpetersilie
- 100 g Schmand
- Currypulver, Salz und Pfeffer nach Geschmack

1 Portion (ca. 500 g): 495 kcal, 35 g Eiweiß (29 E%), 27 g Fett (51 E%), 24 g Kohlenhydrate (20 E%)

01 Bohnen 10–12 Stunden vor dem Kochen in reichlich Wasser einweichen.

02 Das Öl in einem Topf erhitzen und darin die abgegossenen Bohnen ca. 3–4 Minuten anschwitzen, mit Geflügelbrühe ablöschen und ca. 20–25 Minuten zugedeckt köcheln lassen.

03 In der Zwischenzeit den Rosenkohl von den äußeren Blättern befreien, waschen, den Strunk herausschneiden und die Röschen vierteln. Möhren schälen, längs halbieren und in dünne Halbmonde schneiden. Hähnchenbrust waschen, trocken tupfen und in feine Scheiben schneiden.

04 Das Gemüse zusammen mit der Hähnchenbrust zu den Bohnen geben und weitere 10 Minuten köcheln lassen. Dabei ab und zu umrühren. Mit Currypulver, Salz und Pfeffer abschmecken.

05 Petersilie waschen, entstielen und fein hacken.

06 Zum Servieren den Bohnentopf in tiefe Teller geben, mit dem Schmand und der Blattpetersilie garnieren.

Putenschnitzel mit Champignonfeldsalat

Für 2 Personen
Zubereitungszeit: 20 Minuten

- 200 g Feldsalat
- 200 g Champignons
- 50 g Speck (Scheiben)
- 3 EL Olivenöl
- 50 g Mandeln (gestiftet)
- 1 TL Weinessig
- 1 TL Agavendicksaft
- 2 EL Wasser
- 300 g Putenschnitzel
- Kümmelpulver, Salz und Pfeffer nach Geschmack

1 Portion (ca. 440 g): 595 kcal, 20 g Eiweiß (14 E%), 54 g Fett (81 E%), 7 g Kohlenhydrate (5 E%)

01 Feldsalat putzen, waschen und abtropfen lassen. Champignons vorsichtig bürsten und vierteln. Speck in feine Würfel schneiden.

02 1 EL Öl in einer Pfanne erhitzen, die Speckwürfel mit den Champignons und den Mandeln darin ca. 2–3 Minuten scharf anbraten.

03 Weinessig mit 1 EL Öl, Agavendicksaft, Wasser, Salz sowie Pfeffer verrühren und die Champignon-Speck-Mandel-Mischung darin ca. 10 Minuten marinieren.

04 Währenddessen die Putenschnitzel waschen, trocken tupfen, mit Salz, Pfeffer und Kümmelpulver würzen.

05 In einer Pfanne 1 EL Olivenöl erhitzen und darin die Putenschnitzel ca. 5–6 Minuten von jeder Seite goldbraun braten.

06 Vor dem Servieren den Feldsalat in die Speckmischung geben und vorsichtig unterheben.

07 Den gemischten Salat auf Tellern anrichten, die Putenschnitzel anlegen und servieren.

Gefüllte Ente

Für 2 Personen
Zubereitungszeit: 120 Minuten

- 1 kleine Ente (ca. 1,7 kg)

Für die Füllung:
- 2 Zwiebeln
- 1 Knoblauchzehe
- 1 Knollensellerie (ca. 400 g)
- 1 Möhre
- 1 Ei (Größe M)
- 1 Bio-Apfel (z. B. Boskop)
- 2 g Beifuß (getrocknet)
- Salz und Pfeffer nach Geschmack
- 4 Zahnstocher

1 Portion (ca. 500 g): 565 kcal, 66 g Eiweiß (47 E%), 27 g Fett (42 E%), 15 g Kohlenhydrate (10 E%)

01 Den Backofen auf 160° (Umluft) vorheizen.

02 Für die Füllung die Zwiebeln und Knoblauchzehe schälen und in feine Würfel schneiden. Knollensellerie und Möhre schälen, fein hobeln und zusammen mit dem Ei, den Zwiebeln und dem Knoblauch gut vermengen. Mit Salz und Pfeffer würzen.

03 Ente unter fließendem Wasser waschen und mit Küchenpapier abtupfen. Die Füllung in die Ente geben, abschließend den gewaschenen Apfel hineinstecken und danach die Öffnung mit Zahnstochern verschließen.

04 Die Ente von allen Seiten gleichmäßig mit Salz, Pfeffer und Beifuß einreiben und in einen Bräter legen – zuerst auf die Brustseite.

05 Nun im Backofen (Mitte) insgesamt ca. 90–100 Minuten garen. Die Ente nach der Hälfte der Garzeit wenden.

06 Nach dem Ende der Garzeit Zahnstocher entfernen, die Ente mit einer Geflügelschere zerteilen und die Füllung als Beilage servieren.

INFO: Eine kleine Ente wiegt ca. 1,7 kg. Durch den Bratverlust bleibt nach dem Auslösen ein Fleischanteil von etwa 240 g pro Person.

TIPP: Die Ente kann zusätzlich mit Rotkohl serviert werden.

Gratinierter Lammrücken mit Kürbisstreifen

Für 2 Personen
Zubereitungszeit: 25 Minuten

- 300 g Lammrücken (Filet)
- 2 Strauchtomaten
- 30 g Frischkäse (Rahmstufe)
- 50 g Haselnüsse (gehackt)
- 3 EL Olivenöl
- 400 g Kürbis (z. B. Hokkaido)
- 1 EL Kürbiskerne
  (geröstet, ungesalzen)
- Muskat, Salz und Pfeffer nach
  Geschmack

1 Portion (ca. 420 g): 580 kcal, 41 g Eiweiß (29 E%), 42 g
Fett (64 E%), 11 g Kohlenhydrate (7 E%)

01 Backofen auf 180° Umluft vorheizen.

02 Lammrücken waschen, trocken tupfen und mit Salz und Pfeffer würzen.

03 Tomaten waschen, Strunk und Kerne entfernen und das Tomatenfleisch in feine Würfel schneiden. Zusammen mit dem Frischkäse und den Haselnüssen vermengen. Mit Salz und Pfeffer würzen.

04 2 EL Öl in einer feuerfesten Pfanne erhitzen und den Lammrücken darin ca. 1–2 Minuten von jeder Seite anbraten.

05 Den Lammrücken mit der Tomaten-Nuss-Masse gleichmäßig bestreichen.

06 Anschließend das Fleisch im Backofen (Mitte) ca. 5–6 Minuten gratinieren.

07 Währenddessen den Kürbis schälen, entkernen und in feine Streifen hobeln. In einer weiteren Pfanne 1 EL Öl erhitzen und die Kürbisstreifen darin ca. 2–3 Minuten braten, mit Muskat, Salz und Pfeffer würzen.

08 Vor dem Servieren den Kürbis auf Tellern anrichten, das gratinierte Lammfilet anlegen und mit den Kürbiskernen garnieren.

Sportlerburger (Titelrezept)

Für 2 Personen
Zubereitungszeit: 20 Minuten

- 150 g Hähnchenbrustfilet
- 150 g Rinderhackfleisch
- 1 Zwiebel
- 50 g Hartkäse (z. B. Parmesan, am Stück)
- 1 Ei (Größe L)
- 1–2 g Majoran (getrocknet)
- ½ TL Paprikapulver (edelsüß)
- 1 EL Rapsöl
- 50 g Speck (2 Scheiben)
- 150 g Tomaten (ca. 2 Stück)
- 50 g Essiggurken
- ¼ Eisbergsalat
- 40 g Tomatenmark
- 1 TL Aceto Balsamico (hell)
- 1 EL Olivenöl
- 1 TL Apfeldicksaft
- ¼ TL Currypulver
- 50 g Gouda (2 Scheiben)
- Salz und Pfeffer nach Geschmack

1 Portion (ca. 450 g): 51 kcal, 28 g Eiweiß (53 E%), 53 g Fett (66 E%), 10 g Kohlenhydrate (6 E%)

01 Hähnchenbrust waschen, trocken tupfen, in möglichst feine Würfel schneiden und in eine Schüssel geben. Rinderhackfleisch dazugeben.

02 Zwiebel schälen und in feine Würfel schneiden. Hartkäse fein hobeln. Das Fleisch mit der Zwiebel, dem Hartkäse, dem Ei und dem Majoran vermengen. Mit Paprika, Salz und Pfeffer würzen. Die Hackmasse anschließend zu zwei großen Burgern formen.

03 Rapsöl in einer Pfanne erhitzen und die Burger darin ca. 6–8 Minuten von jeder Seite braten. Ca. 3 Minuten vor Ende der Garzeit den Speck mitbraten.

04 In der Zwischenzeit die Tomaten waschen, vom Strunk befreien und in dünne Scheiben schneiden. Essiggurken ebenfalls in dünne Scheiben schneiden. Den Eisbergsalat in große Blätter teilen und waschen.

05 Für die Burgersauce Tomatenmark, Balsamicoessig, Olivenöl, Apfeldicksaft und Currypulver vermischen. Mit Salz und Pfeffer würzen.

06 Die Burger jeweils auf einen Teller mit Salatblatt geben, Tomaten, Essiggurken, Gouda und Speckstreifen darauflegen, anschließend die Burgersauce darüber verteilen und zum Schluss den Burger mit einem Salatblatt bedecken.

TIPP: Anstelle der beiden verschiedenen Fleischsorten können Sie auch ausschließlich Rinderhack verwenden.

Rinderfiletstreifen mit Gurken-Fenchel-Gemüse

Für 2 Personen
Zubereitungszeit: 25 Minuten

- 300 g Rinderfilet (am Stück)
- 1 Knoblauchzehe
- 1 Salatgurke
- 1 Fenchelknolle (ca. 300 g)
- 3 EL Olivenöl
- 150 g Crème fraîche
- 2 g Basilikum (getrocknet)
- Salz, Pfeffer und Cayennepfeffer nach Geschmack

1 Portion (ca. 500 g): 550 kcal, 38 g Eiweiß (28 E%), 41 g Fett (65 E%), 9 g Kohlenhydrate (7 E%)

01 Rinderfilet waschen und in dünne Streifen schneiden. Mit Salz und Pfeffer würzen.

02 Knoblauch schälen und fein würfeln. Salatgurke schälen, längs halbieren, mit einem Löffel die Kerne entfernen und die Gurke in feine Halbmonde schneiden. Fenchel halbieren, waschen, Strunk entfernen und in dünne Streifen schneiden.

03 In einer heißen Pfanne die Rinderfiletstreifen in 2 EL Olivenöl ca. 5–6 Minuten anbraten. Anschließend das Fleisch aus der Pfanne nehmen und beiseitestellen.

04 In derselben Pfanne 1 EL Öl erhitzen und den Knoblauch zusammen mit dem Fenchel und den Gurken darin 2–3 Minuten braten.

05 Anschließend die Rinderfiletstreifen und die Crème fraîche dazugeben und weitere 3–4 Minuten fertig braten. Mit Salz, Pfeffer und Cayennepfeffer würzen.

06 Die Rinderfiletstreifen auf Tellern anrichten und mit Basilikum garnieren.

Schweinefilet im Pistazienkleid mit Kidneybohnensalat

Für 2 Personen
Zubereitungszeit: 20 Minuten

- 300 g Schweinefilet
- 50 g Pistazien (gehackt, geröstet)
- 20 g Sesam
- 2 Eier (Größe M)
- 10 g Butterschmalz
- 300 g Kidneybohnen (Abtropfgewicht)
- 1 EL Olivenöl
- 50 g Sauerrahm
- 1 EL Aceto Balsamico (hell)
- 1 Bund frischer Schnittlauch
- Salz und Pfeffer nach Geschmack

1 Portion (ca. 440 g): 725 kcal, 58 g Eiweiß (32 E%),
43 g Fett (53 E%), 27 g Kohlenhydrate (15 E%)

01 Schweinefilet waschen, trocken tupfen, in 1 cm dicke Scheiben schneiden. Mit Salz und Pfeffer würzen.

02 Pistazien und Sesam in einem tiefen Teller vermischen. Die Eier in einem zweiten tiefen Teller aufschlagen und verquirlen. Die Filets zuerst in Ei, dann in der Pistazien-Sesam-Mischung wenden. Die Panade anschließend leicht andrücken.

03 Das Butterschmalz in einer beschichteten Pfanne erhitzen und das Fleisch bei geringer Hitze ca. 3–4 Minuten goldbraun braten.

04 Kidneybohnen in ein Sieb gießen, kurz unter fließendem Wasser abspülen und abtropfen lassen. Anschließend in einer Schüssel mit Öl, Sauerrahm, Essig, Salz und Pfeffer marinieren. Den Schnittlauch waschen, trocken schütteln, in feine Röllchen schneiden und unter den Kidneybohnensalat mischen.

05 Die knusprigen Filets zusammen mit dem Bohnensalat servieren.

Sojaspaghetti mit gebratenen Riesengarnelen

Für 2 Personen
Zubereitungszeit: 20 Minuten

- 100 g Sojaspaghetti (Trockengewicht)
- 300 g Kirschtomaten
- 1 Zwiebel
- 2 EL Olivenöl
- 300 g Riesengarnelen (küchenfertig)
- 30 g Pinienkerne
  (geröstet, ungesalzen)
- 1 EL Kräuterfrischkäse (Rahmstufe)
- ½ Bund frischer Basilikum
- Salz und Pfeffer nach Geschmack

1 Portion (ca. 500 g): 575 kcal, 57 g Eiweiß (41 E%), 25 g Fett (41 E%), 26 g Kohlenhydrate (18 E%)

01 Sojaspaghetti in einem Topf mit reichlich Salzwasser 5–6 Minuten al dente kochen. Anschließend in ein Sieb gießen, unter fließendem Wasser abschrecken und abtropfen lassen.

02 Kirschtomaten von den Rispen lösen und waschen. Zwiebel schälen, halbieren und in feine Streifen schneiden.

03 Das Öl in einer Pfanne erhitzen, die Riesengarnelen zusammen mit den Tomaten, den Zwiebeln und den Pinienkernen ca. 4–5 Minuten anbraten. Mit Salz und Pfeffer würzen.

04 Im Anschluss die Sojaspaghetti und den Kräuterfrischkäse zugeben, alles vermischen und weitere 2–3 Minuten fertig garen.

05 Basilikum waschen, entstielen und in feine Streifen schneiden.

06 Zum Servieren die Nudeln auf Teller verteilen und mit Basilikum bestreuen.

Seelachstaler mit Kefirtomaten

Für 2 Personen
Zubereitungszeit: 20 Minuten

- 400 g Seelachsfilet (küchenfertig)
- 1 rote Zwiebel
- 50 g Hartkäse (z. B. Parmesan, am Stück)
- 1 Ei (Größe M)
- 50 g Haselnüsse (gehackt)
- 1–2 g Basilikum (getrocknet)
- ½ TL Paprikapulver (edelsüß)
- 1 EL Kokosöl
- 300 g Tomaten
- 100 g Kefir (1,5 % Fett)
- 1 EL Aceto Balsamico (hell)
- 1 EL Olivenöl
- ½ Bund frischer Kerbel
- Salz und Pfeffer nach Geschmack

1 Portion (ca. 520 g): 610 kcal, 52 g Eiweiß (34 E%), 40 g Fett (59 E%), 10 g Kohlenhydrate (7 E%)

01 Seelachsfilet waschen, trocken tupfen, möglichst fein würfeln und in eine Schüssel geben. Zwiebel schälen und in kleine Würfel schneiden. Hartkäse fein hobeln.

02 Die Fischwürfel mit der Zwiebel, dem Hartkäse, dem Ei, den Haselnüssen und dem Basilikum vermengen. Mit Paprika, Salz und Pfeffer würzen. Die Fischmasse anschließend zu esslöffelgroßen Talern formen.

03 Kokosöl in einer Pfanne erhitzen und die Fischtaler darin ca. 5–6 Minuten von jeder Seite braten.

04 In der Zwischenzeit die Tomaten waschen, vom Strunk befreien, halbieren und die Hälften in dünne Halbmonde schneiden.

05 Für das Dressing Kefir, Balsamicoessig und Olivenöl vermischen. Den Kerbel waschen, von den Stielen befreien und fein hacken. Mit Salz und Pfeffer würzen. Das Dressing über die Tomaten gießen und vermengen.

06 Die Fischtaler und die Kefirtomaten auf Tellern anrichten und servieren.

TIPP: Anstelle des Seelachses können Sie auch geräucherte Lachsscheiben verwenden.

Kichererbsensuppe mit Kokosfischstreifen

Für 2 Personen
Zubereitungszeit: 30 Minuten

- 1 Schalotte
- 1 Möhre
- 1 EL Rapsöl
- 200 g Kichererbsen (Abtropfgewicht, Dose)
- 250 ml Hühnerbrühe
- 50 ml Sahne
- 200 g Rotbarschfilet (küchenfertig)
- 2 EL Kokosflocken
- 2 EL Kokosöl
- ½ Bund frische Blattpetersilie
- Saft von ½ Zitrone
- Curry und Salz nach Geschmack

1 Portion (ca. 440 g): 520 kcal, 26 g Eiweiß (20 E%),
36 g Fett (62 E%), 23 g Kohlenhydrate (18 E%)

01 Schalotte schälen und fein würfeln. Möhre schälen und ebenfalls in feine Würfel schneiden. Das Rapsöl in einem Topf erhitzen und die Schalotte mit den Möhrenwürfeln ca. 2–3 Minuten anschwitzen.

02 Kichererbsen in ein Sieb gießen, kurz mit Wasser überbrausen, abtropfen lassen und zu dem Gemüse geben. Mit der Hühnerbrühe auffüllen, und das Ganze aufkochen lassen.

03 Die Suppe bei geringer Hitze ca. 10 Minuten köcheln lassen. Mit einem Stabmixer pürieren und dabei die Sahne zur Suppe geben. Danach nicht mehr kochen lassen!

04 In der Zwischenzeit das Rotbarschfilet waschen, trocken tupfen und in 1 cm dicke Streifen schneiden. Die Fischstreifen salzen und anschließend in den Kokosflocken wälzen.

05 Das Kokosöl in einer Pfanne erhitzen und die Fischstreifen ca. 3–4 Minuten von allen Seiten goldbraun braten.

06 Petersilie waschen, entstielen und fein hacken.

07 Vor den Servieren die Suppe mit Zitronensaft, Curry und Salz abschmecken, mit der klein gehackten Petersilie garnieren, auf Teller verteilen und die Kokosfischstreifen hineingeben.

Pangasiusfilet mit buntem Paprikagemüse

Für 2 Personen
Zubereitungszeit: 20 Minuten

- 300 g Pangasiusfilet (küchenfertig)
- 1 frische rote Chilischote
- 2 gelbe Paprika
- 2 rote Paprika
- 2 Knoblauchzehen
- 3 EL Rapsöl
- 1 Bund frischer Schnittlauch
- Muskat, Salz und Pfeffer nach Geschmack

1 Portion (ca. 400 g): 335 kcal, 26 g Eiweiß (31 E%), 19 g Fett (51 E%), 15 g Kohlenhydrate (18 E%)

01 Pangasiusfilets waschen, trocken tupfen und mit Salz und Pfeffer würzen.

02 Chilischote waschen, längs halbieren, entkernen und in feine Streifen schneiden. Paprika halbieren, entkernen, waschen und in 2 cm große Würfel schneiden. Knoblauch schälen und in feine Scheiben schneiden.

03 2 EL Öl in einer Pfanne erhitzen und die Fischfilets von beiden Seiten ca. 4–5 Minuten braten.

04 In einer weiteren Pfanne 1 EL Öl erhitzen und die Paprikawürfel zusammen mit dem Knoblauch und den Chilischotenstreifen ca. 2–3 Minuten anbraten. Mit Salz, Pfeffer und Muskat abschmecken.

05 In der Zwischenzeit den Schnittlauch waschen und in feine Röllchen schneiden.

06 Zum Servieren die Pangasiusfilets mit dem Paprikagemüse auf Tellern anrichten und mit den Schnittlauchröllchen bestreuen.

TIPP: Als Alternative zu Pangasiusfilet können Sie Rotbarschfilet verwenden.

Gebratenes Lachssteak mit Linsengemüse

Für 2 Personen
Zubereitungszeit: 30 Minuten

- 250 ml Gemüsebrühe
- 20 g Butter
- 100 g rote Linsen
- 300 g Lachsfilet (küchenfertig)
- 1 Zwiebel
- 4 EL Olivenöl
- 300 g Zucchini
- ½ Bund frischen Dill
- Chilipulver, Salz und Pfeffer nach Geschmack

1 Portion (ca. 480 g): 710 kcal, 44 g Eiweiß (25 E%), 46 g Fett (59 E%), 28 g Kohlenhydrate (16 E%)

01 Gemüsebrühe und Butter in einen großen Topf geben und aufkochen lassen. Die Linsen hinzufügen, ca. 6–8 Minuten gar kochen und im Anschluss abgießen.

02 In der Zwischenzeit das Lachsfilet waschen, trocken tupfen und mit Salz und Pfeffer würzen. Zwiebel schälen, halbieren und in feine Streifen schneiden. Zucchini waschen, die Enden abschneiden und in feine Scheiben schneiden.

03 2 EL Olivenöl in einer Pfanne erhitzen und darin die Zucchini zusammen mit der Zwiebel ca. 3–4 Minuten anbraten. Mit Salz und Pfeffer würzen.

04 In einer weiteren Pfanne das restliche Öl erhitzen und darin die Lachsfilets von allen Seiten ca. 5–6 Minuten fertig braten.

05 Die Linsen unter die Zucchini heben, nochmals mit Chilipulver und Pfeffer würzen und ca. 2–3 Minuten braten.

06 Dill waschen, entstielen und fein hacken.

07 Vor dem Servieren das Linsengemüse auf Tellern anrichten, das Lachsfilet anlegen und das Gericht mit Dill bestreuen.

Sportler-Chili-Wrap

Für 2 Personen
Zubereitungszeit: 10 Minuten

- 100 g Tofu
- 1 frische Chilischote
- 2 EL Olivenöl
- 1 TL Sojasauce
- 150 g Räucherlachs
- 150 g Sojasprossen
- 50 g Schmand
- 1 TL Apfeldicksaft
- ¼ TL Currypulver
- 4 große Eisbergsalatblätter
- Salz und Pfeffer nach Geschmack
- 2 Streifen Butterbrotpapier

1 Portion (ca. 260 g): 320 kcal, 25 g Eiweiß (31 E%), 22 g Fett (60 E%), 7 g Kohlenhydrate (9 E%)

01 Tofu in 1 cm große Würfel schneiden. Chilischote halbieren, die Kerne entfernen und die Schote in feine Streifen schneiden.

02 Öl in einer Pfanne erhitzen und die Tofuwürfel mit den Chilistreifen darin ca. 2–3 Minuten von allen Seiten anbraten, mit Sojasauce, Salz und Pfeffer würzen. Anschließend aus der Pfanne nehmen und in eine Schüssel geben.

03 Räucherlachs in feine Streifen schneiden. Sojasprossen waschen und zusammen mit dem Schmand, dem Räucherlachs und dem Apfeldicksaft zu den Tofuwürfeln geben und alles vermischen. Mit Currypulver, Salz und Pfeffer abschmecken.

04 Die Eisbergsalatblätter waschen, trocken schütteln und jeweils zwei Blätter pro Wrap übereinanderlegen.

05 Nun die Masse gleichmäßig auf den Salatblättern verteilen und zu einem Wrap aufrollen. Anschließend das untere Drittel des Wraps mit Butterbrotpapier umwickeln und servieren.

TIPP: Anstelle des Eisbergsalats können Sie auch die großen Blätter eines Weißkohls verwenden. Diese vorher 2–3 Minuten blanchieren und den Strunk entfernen.

Gurken-Buttermilch-Drink

Für 2 Personen
Zubereitungszeit: 10 Minuten

- 1 Salatgurke
- 1 Knoblauchzehe
- Saft von 1 Zitrone
- 100 g Crème fraîche
- 250 ml Buttermilch
- 20 g Eiweißpulver (neutral)

1 Portion (ca. 340 g): 260 kcal, 14 g Eiweiß (23 E%), 17 g Fett (59 E%), 11 g Kohlenhydrate (18 E%)

01 Gurke schälen, längs halbieren, mit einem Löffel entkernen und in grobe Stücke schneiden. In ein hohes Mixgefäß geben.

02 Knoblauch schälen und zusammen mit dem Zitronensaft, der Crème fraîche, der Buttermilch und dem Eiweißpulver zu den Gurken geben. Alles mit einem Stabmixer fein pürieren.

03 Vor dem Servieren den Drink ca. 10 Minuten kalt stellen, anschließend in Gläser füllen und mit Strohhalmen servieren.

Avocado-Paprika-Drink

Für 2 Personen
Zubereitungszeit: 10 Minuten

- 1 Avocado
- 1 Limette (Bio)
- 1 gelbe Paprika
- 300 ml Tomatensaft
- 200 g Dickmilch
- 20 g Eiweißpulver (neutral)

1 Portion (ca. 445 g): 300 kcal, 15 g Eiweiß (20 E%), 18 g Fett (56 E%), 17 g Kohlenhydrate (24 E%)

01 Avocado schälen, entkernen und in grobe Stücke schneiden. In ein hohes Mixgefäß geben.

02 Etwas Limettenschale für die Garnierung abreiben. Die Limette auspressen. Paprika halbieren, Kerne entfernen, waschen, in grobe Stücke schneiden und zusammen mit dem Limettensaft, dem Tomatensaft, der Dickmilch und dem Eiweißpulver zu den Avocados geben. Alles mit einem Stabmixer fein pürieren.

03 Vor dem Servieren den Drink etwa 10 Minuten kalt stellen, anschließend in Gläser füllen, mit dem Abrieb der Limettenschale garnieren und mit einem Strohhalm servieren.

Kefir-Beeren-Shake

Für 2 Personen
Zubereitungszeit: 10 Minuten

- 200 g frische Erdbeeren
- 200 g frische Johannisbeeren
- 50 ml Apfelsaft (ungezuckert)
- 300 g Kefir (3,5 % Fett)
- 20 g Eiweißpulver (neutral)

1 Portion (ca. 370 g): 210 kcal, 15 g Eiweiß (30 E%), 6 g Fett (27 E%), 19 g Kohlenhydrate (40 E%), 1 g Alkohol (3 E%)

01 Erdbeeren putzen, waschen und halbieren. Johannisbeeren von den Stielen zupfen und kurz unter fließendem Wasser waschen. In ein hohes Gefäß geben, das sich zum Mixen eignet.

02 Apfelsaft, Kefir und das Eiweißpulver zufügen und alles mit einem Stabmixer fein pürieren.

03 Zum Servieren den Shake in Gläser füllen und mit Strohhalmen versehen.

Joghurt-Himbeer-Shake

Für 2 Personen
Zubereitungszeit: 10 Minuten

- 400 g frische Himbeeren
- 50 ml heller Traubensaft
- 300 g Joghurt (1,5 % Fett)
- 20 g Eiweißpulver (neutral)
- frische Minze

1 Portion (ca. 370 g): 195 kcal, 16 g Eiweiß (36 E%), 3 g Fett (16 E%), 21 g Kohlenhydrate (48 E%)

01 Himbeeren verlesen und kurz unter fließendem Wasser waschen. In ein hohes Gefäß geben, das sich zum Mixen eignet.

02 Traubensaft, Joghurt, Eiweißpulver zugeben und alles mit einem Stabmixer fein pürieren. Minze waschen.

03 Zum Servieren den Shake in Gläser füllen, mit der Minze garnieren und mit einem Strohhalm servieren.

Gurken-Buttermilch-Drink

Für 2 Personen
Zubereitungszeit: 10 Minuten

- 1 Salatgurke
- 1 Knoblauchzehe
- Saft von 1 Zitrone
- 100 g Crème fraîche
- 250 ml Buttermilch
- 20 g Eiweißpulver (neutral)

1 Portion (ca. 340 g): 260 kcal, 14 g Eiweiß (23 E%), 17 g Fett (59 E%), 11 g Kohlenhydrate (18 E%)

01 Gurke schälen, längs halbieren, mit einem Löffel entkernen und in grobe Stücke schneiden. In ein hohes Mixgefäß geben.

02 Knoblauch schälen und zusammen mit dem Zitronensaft, der Crème fraîche, der Buttermilch und dem Eiweißpulver zu den Gurken geben. Alles mit einem Stabmixer fein pürieren.

03 Vor dem Servieren den Drink ca. 10 Minuten kalt stellen, anschließend in Gläser füllen und mit Strohhalmen servieren.

Avocado-Paprika-Drink

Für 2 Personen
Zubereitungszeit: 10 Minuten

- 1 Avocado
- 1 Limette (Bio)
- 1 gelbe Paprika
- 300 ml Tomatensaft
- 200 g Dickmilch
- 20 g Eiweißpulver (neutral)

1 Portion (ca. 445 g): 300 kcal, 15 g Eiweiß (20 E%), 18 g Fett (56 E%), 17 g Kohlenhydrate (24 E%)

01 Avocado schälen, entkernen und in grobe Stücke schneiden. In ein hohes Mixgefäß geben.

02 Etwas Limettenschale für die Garnierung abreiben. Die Limette auspressen. Paprika halbieren, Kerne entfernen, waschen, in grobe Stücke schneiden und zusammen mit dem Limettensaft, dem Tomatensaft, der Dickmilch und dem Eiweißpulver zu den Avocados geben. Alles mit einem Stabmixer fein pürieren.

03 Vor dem Servieren den Drink etwa 10 Minuten kalt stellen, anschließend in Gläser füllen, mit dem Abrieb der Limettenschale garnieren und mit einem Strohhalm servieren.